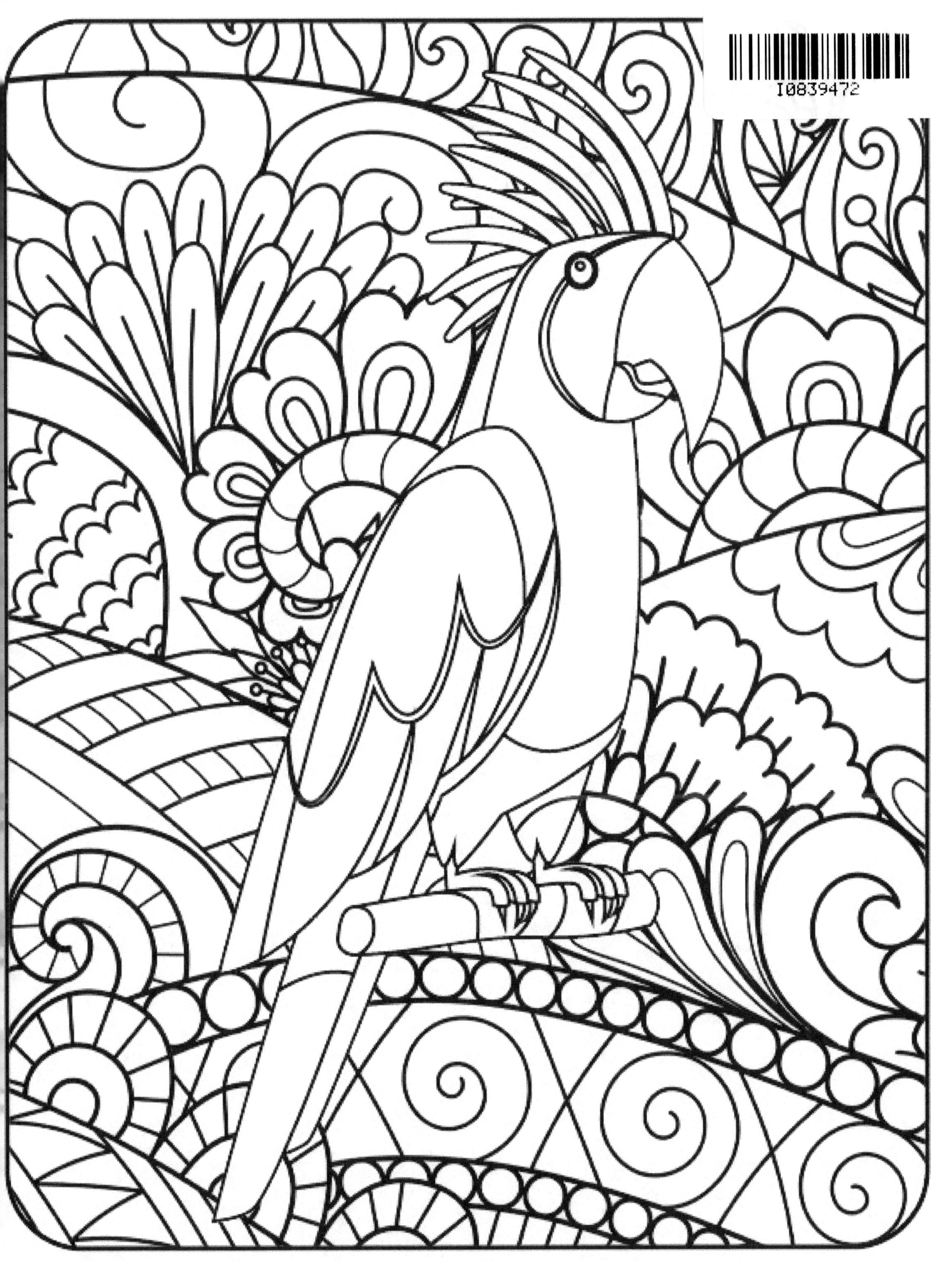
I0839472

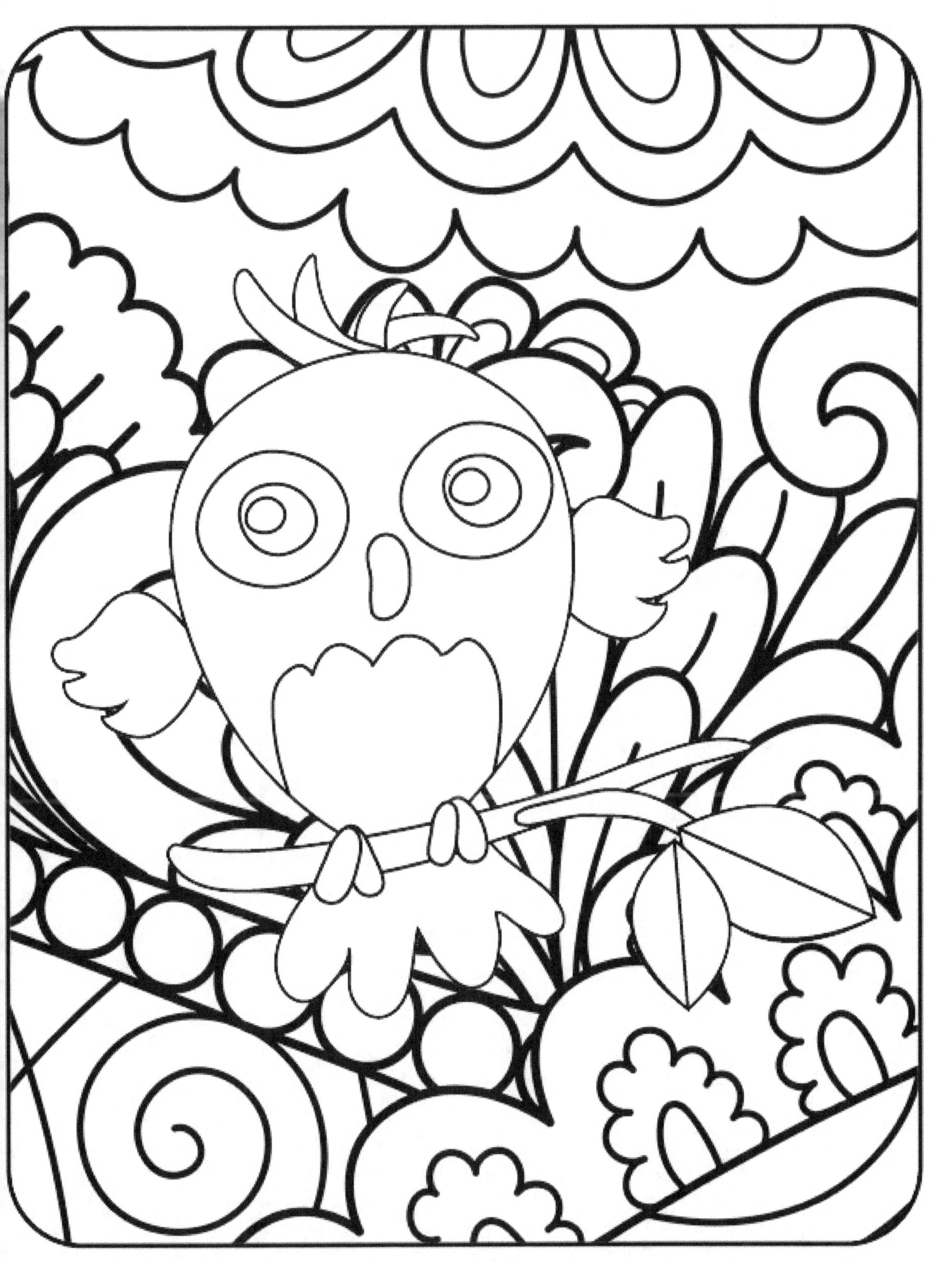

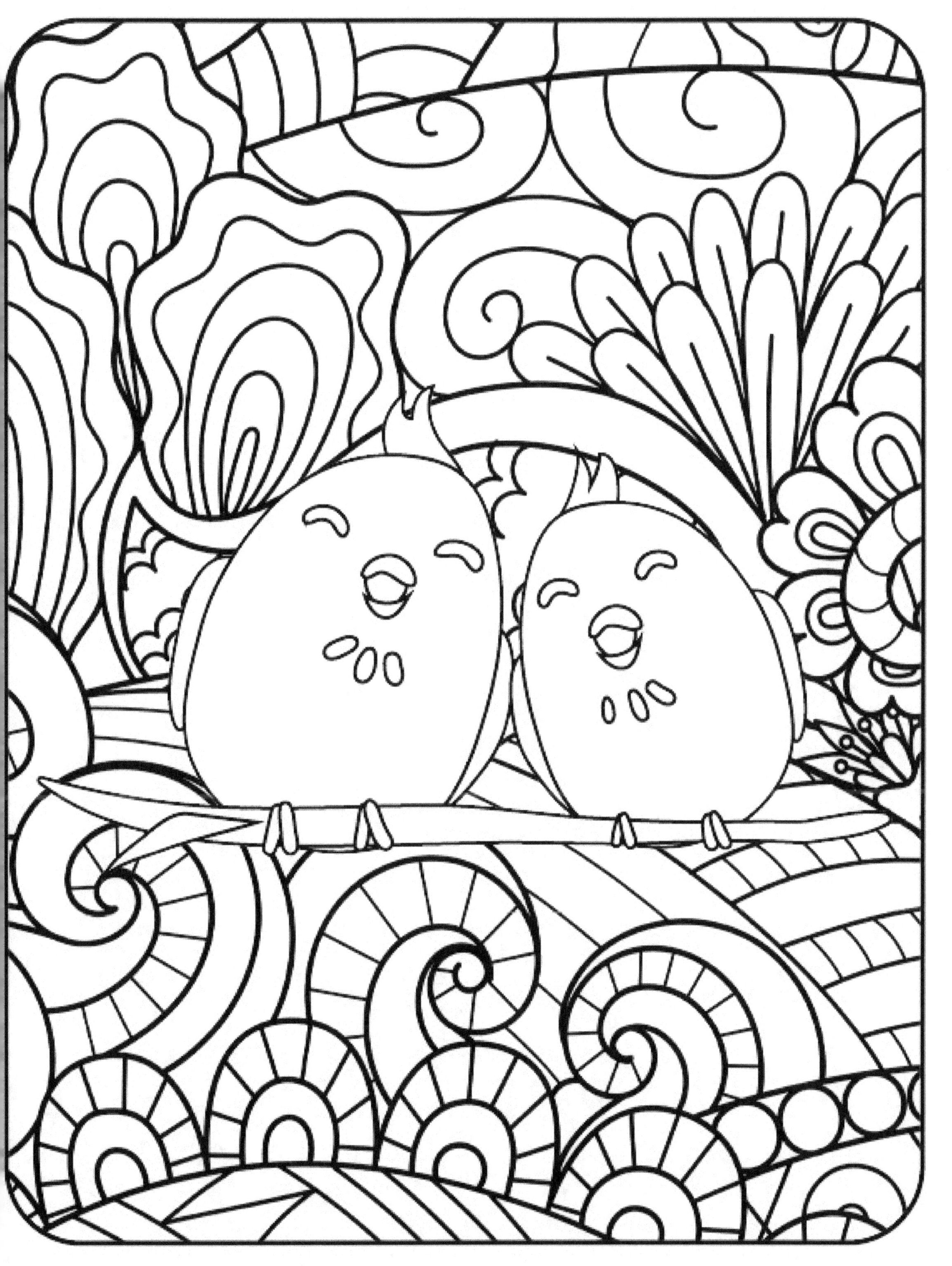

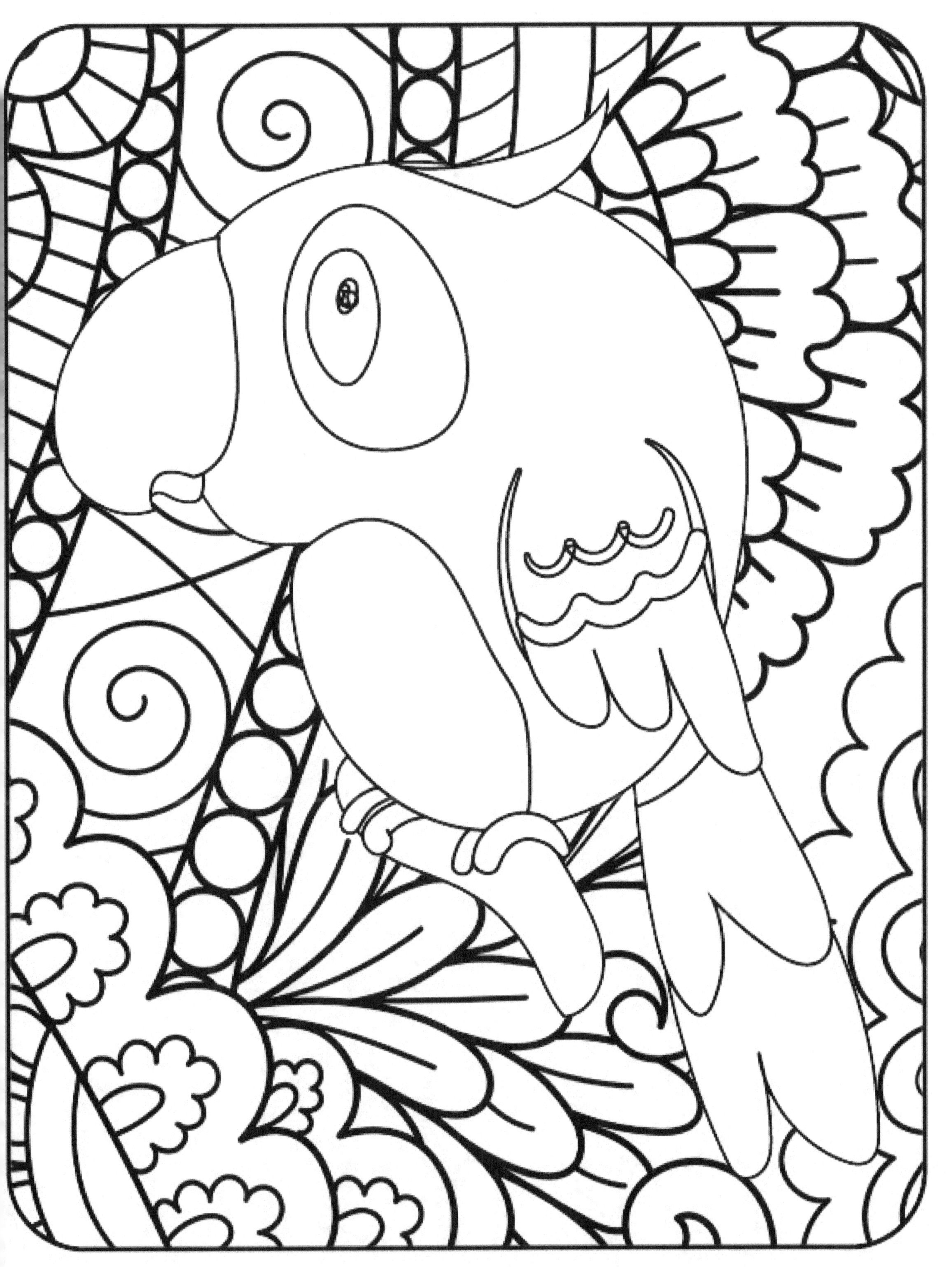

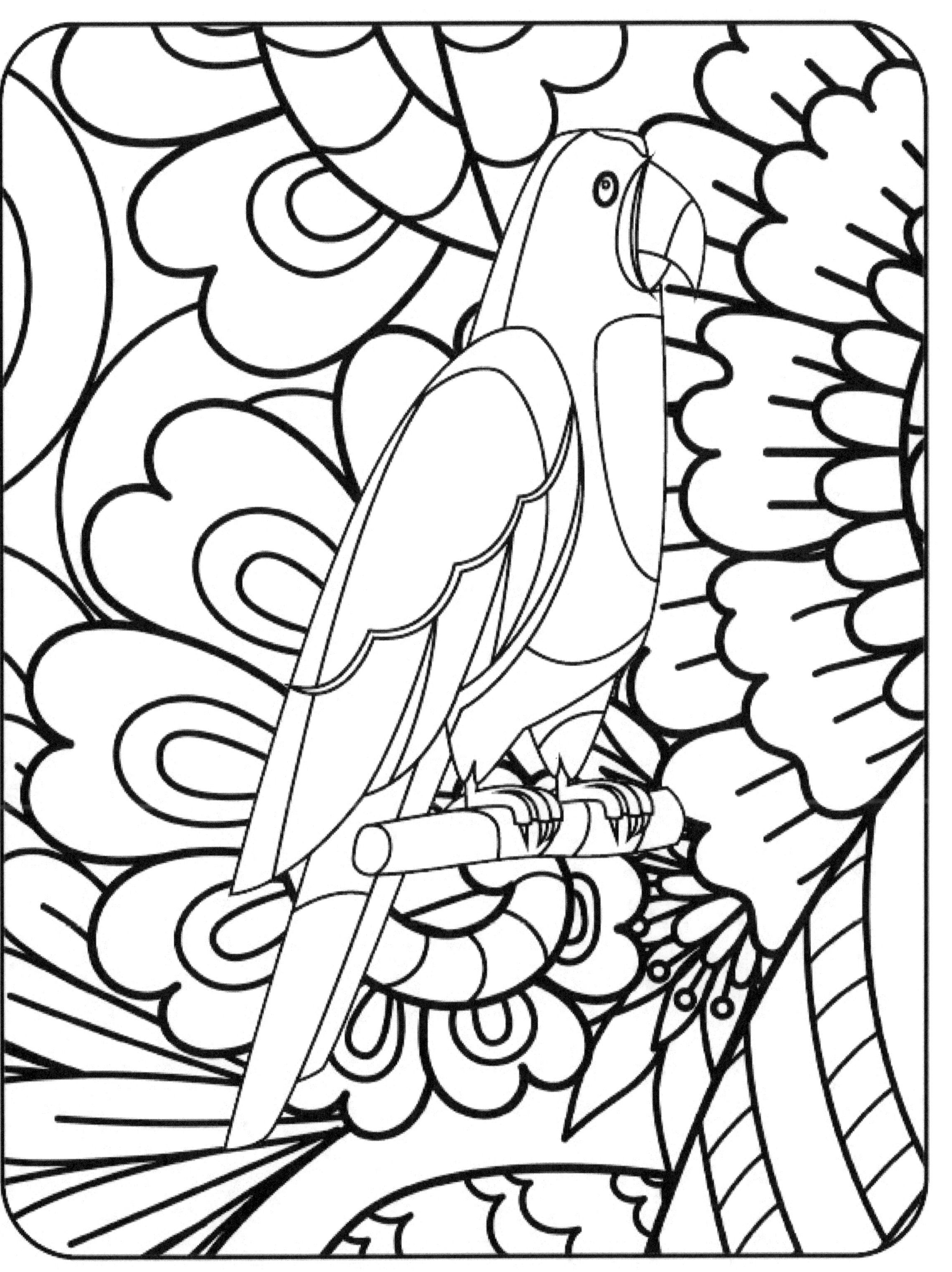

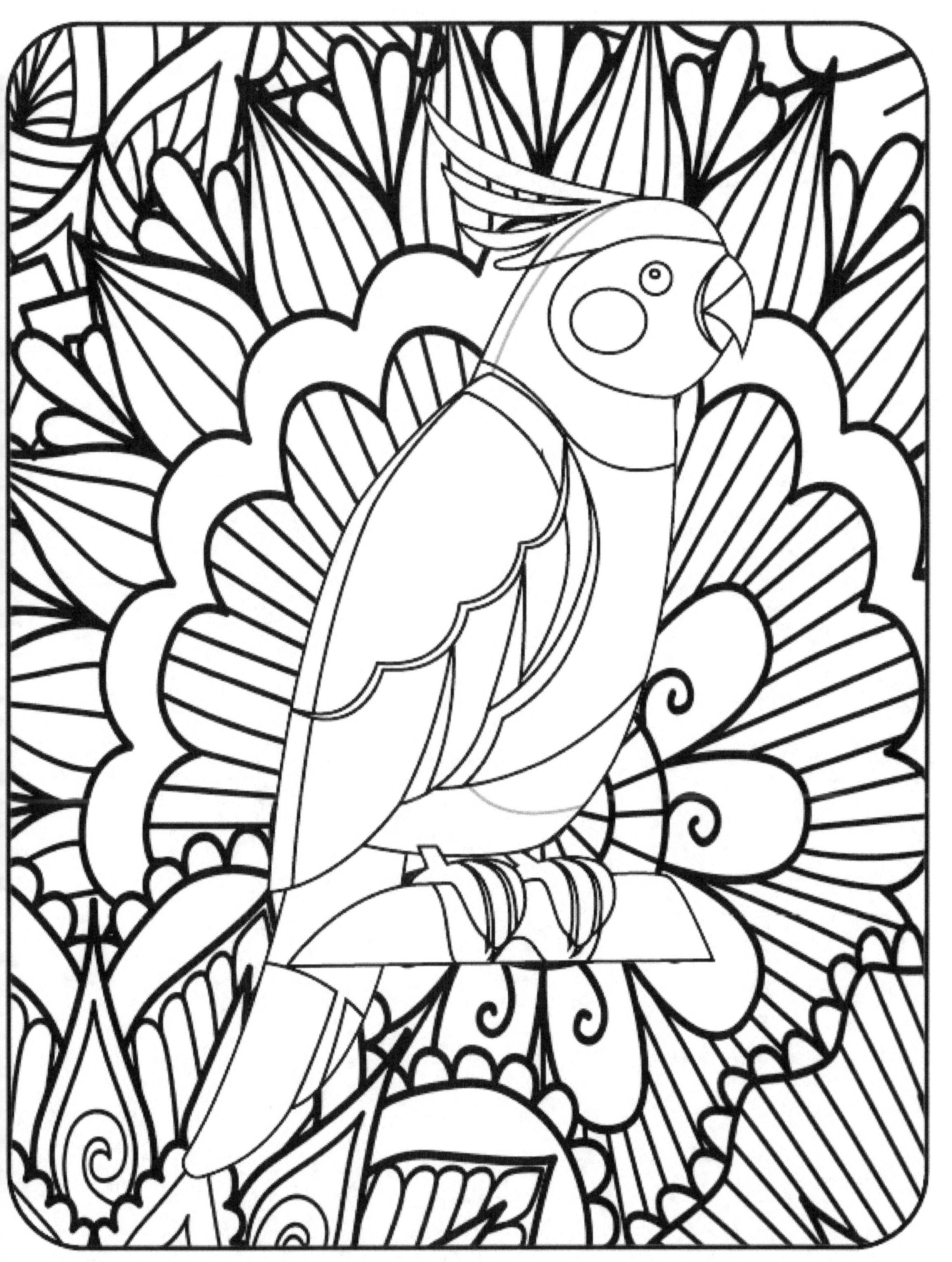

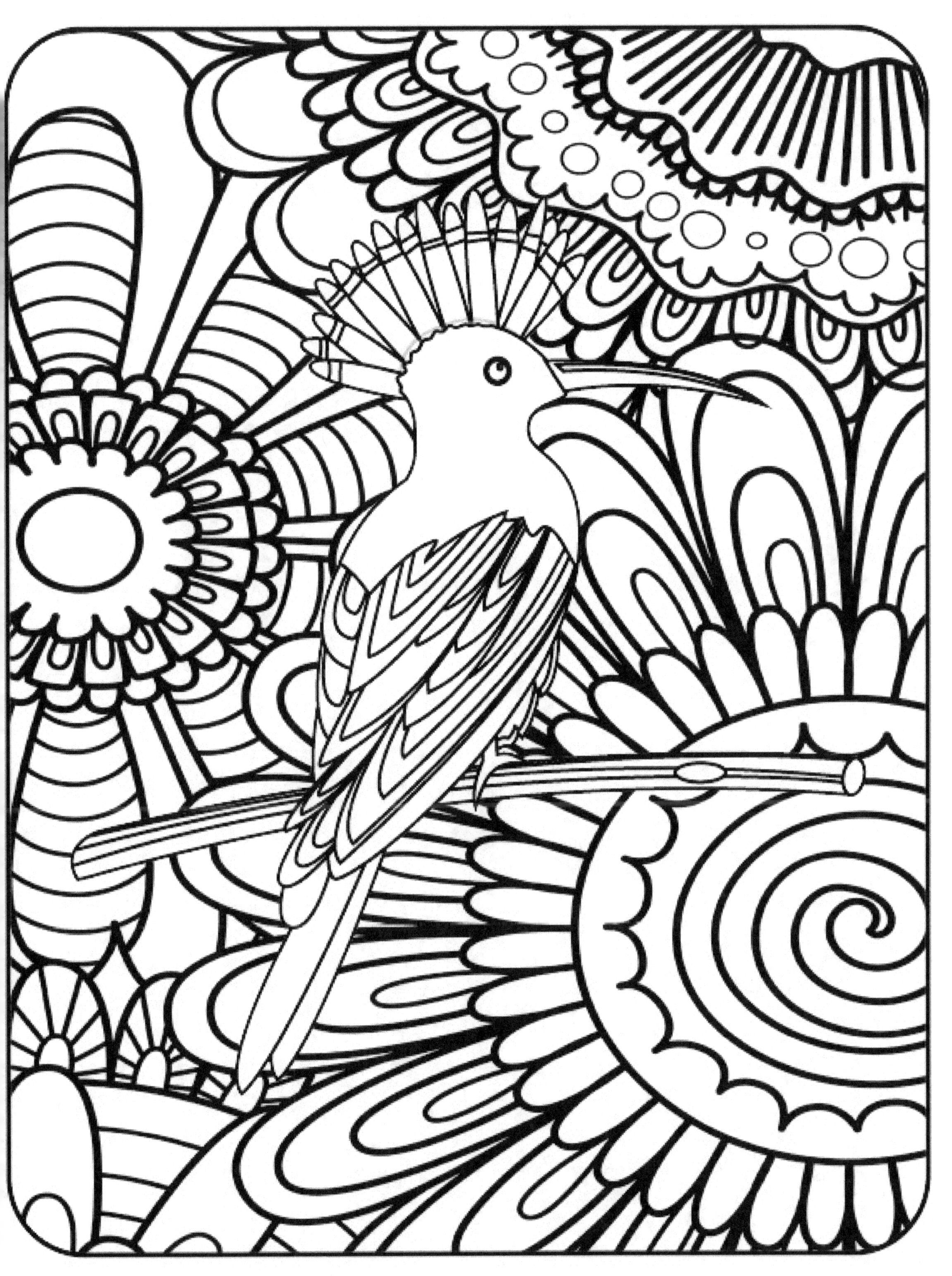

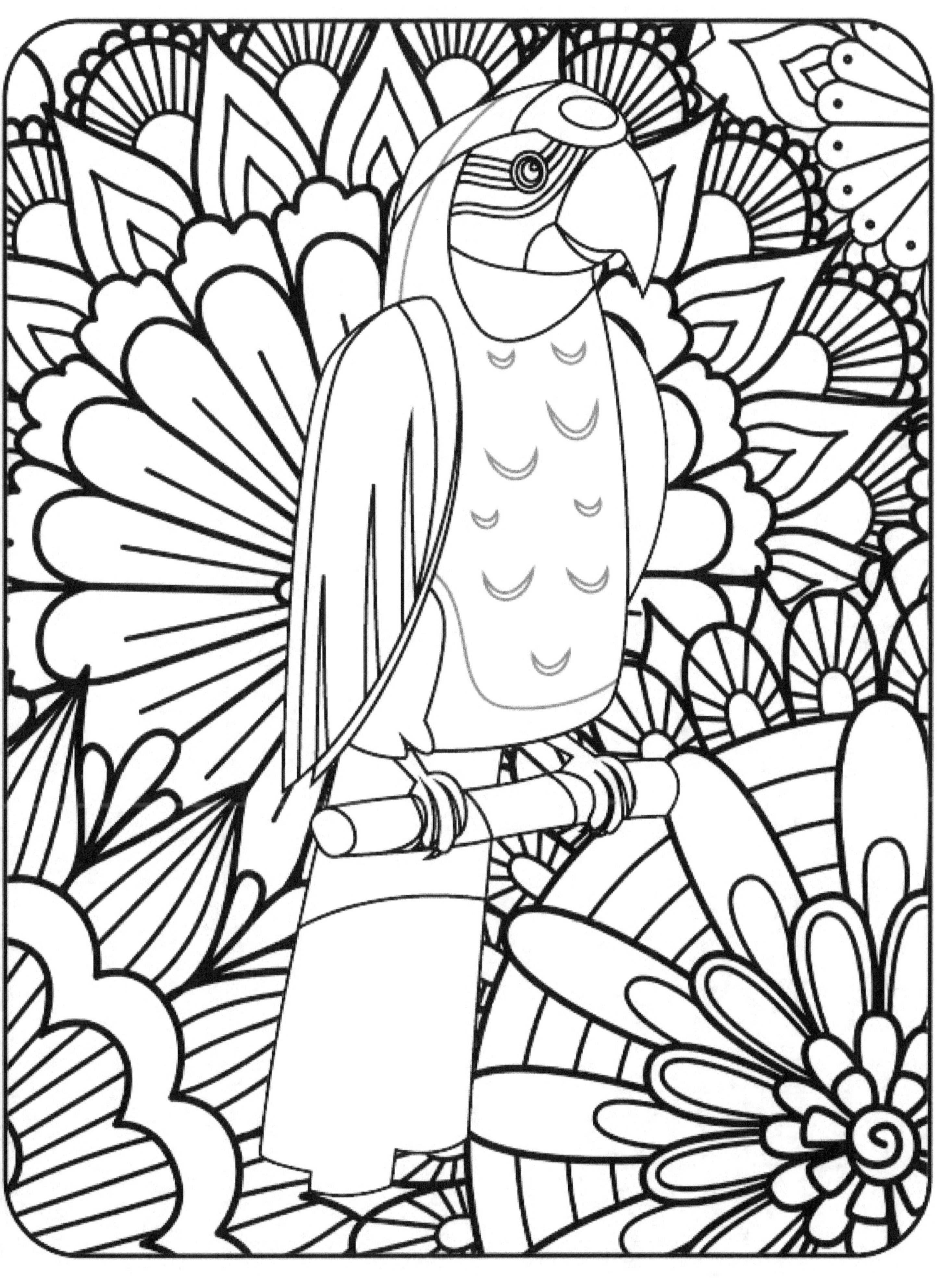

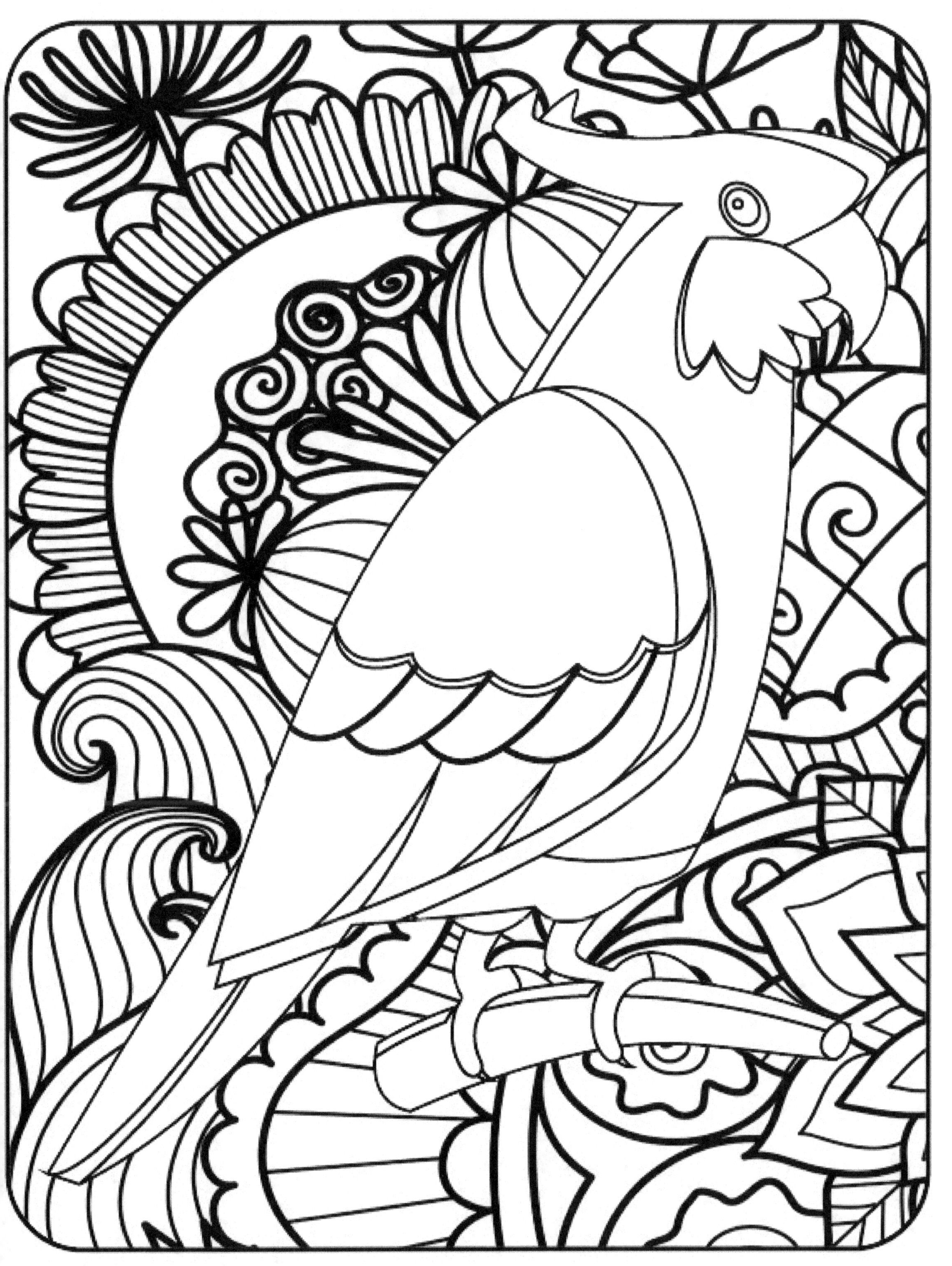

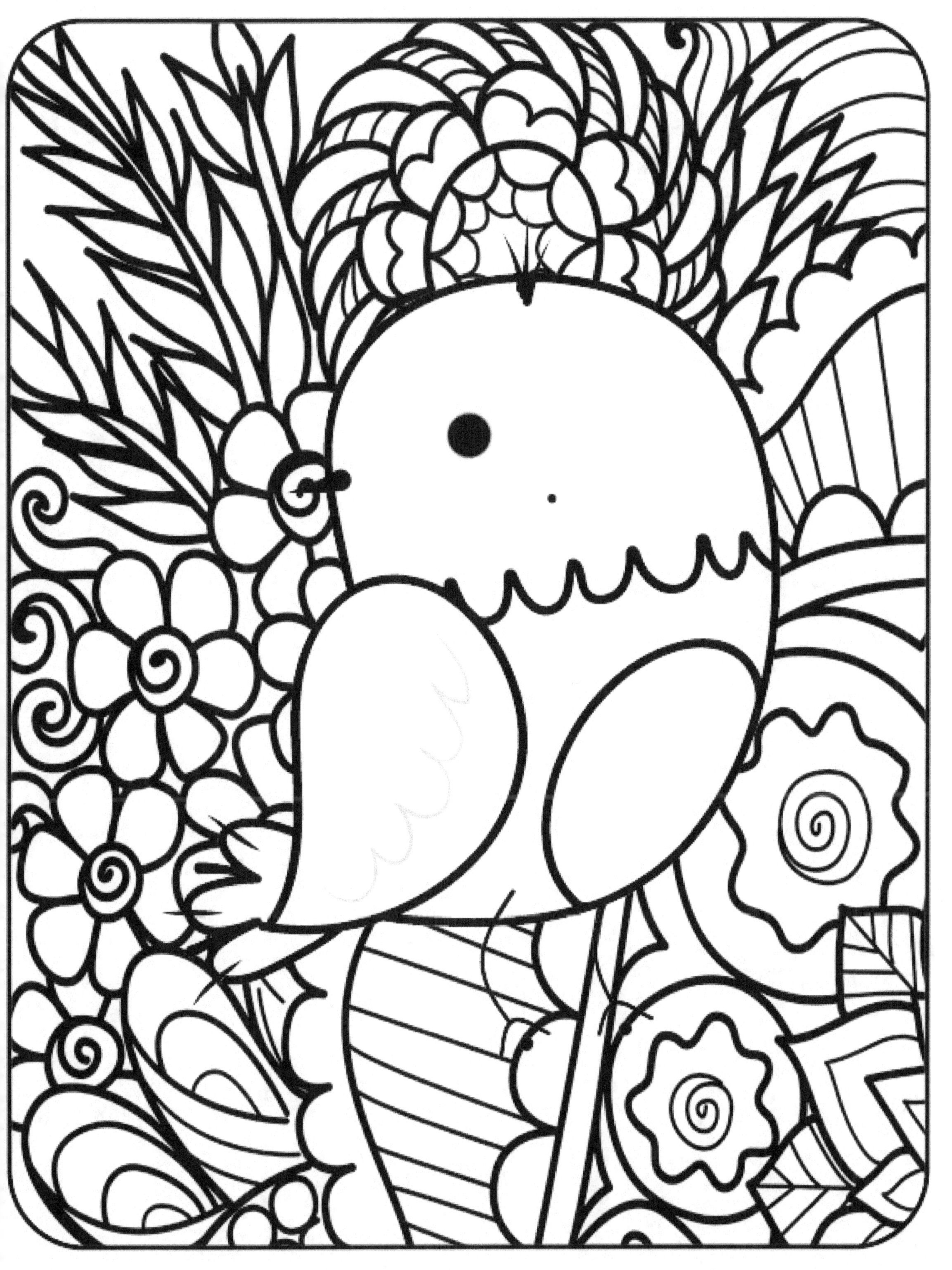

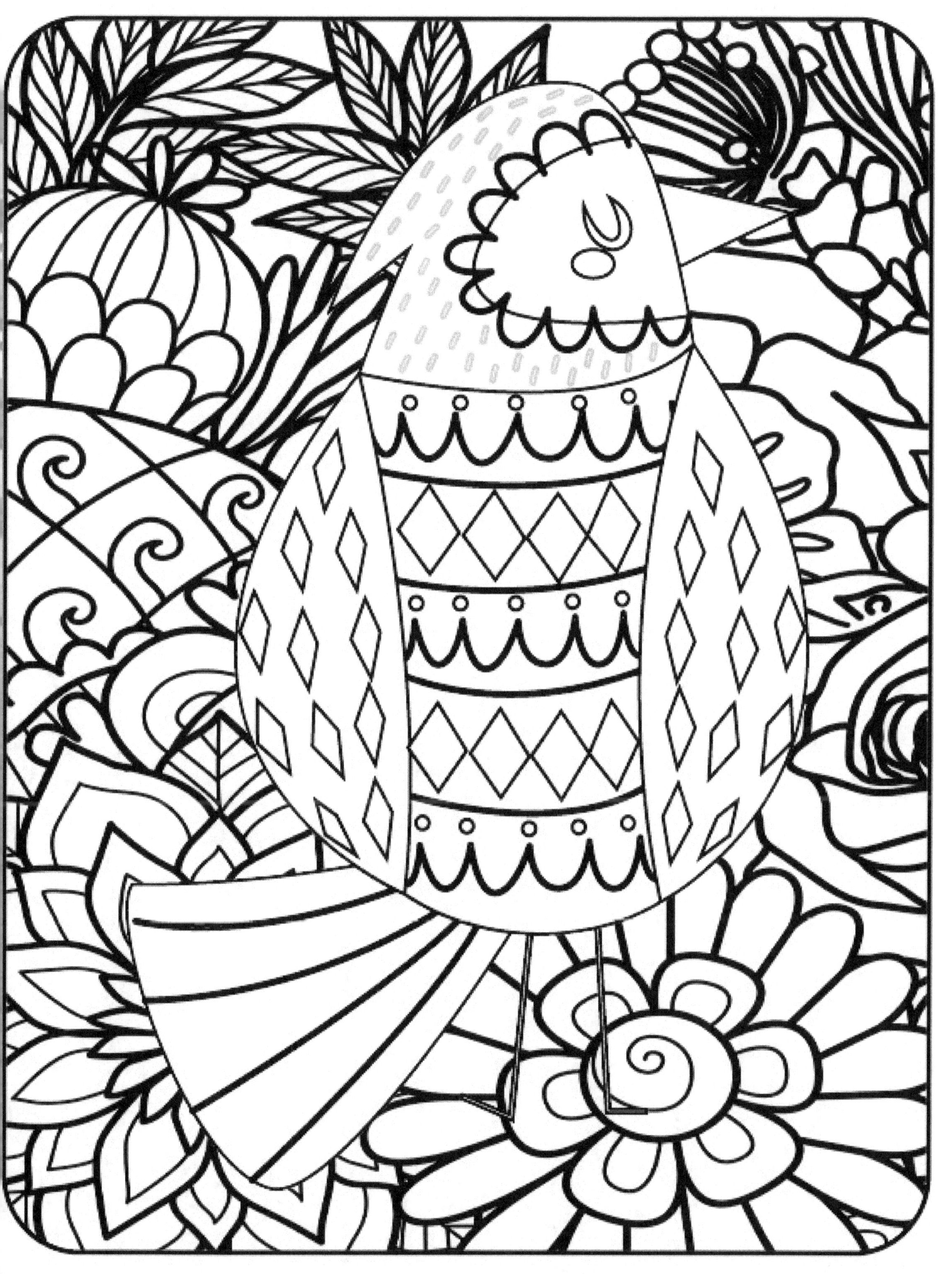

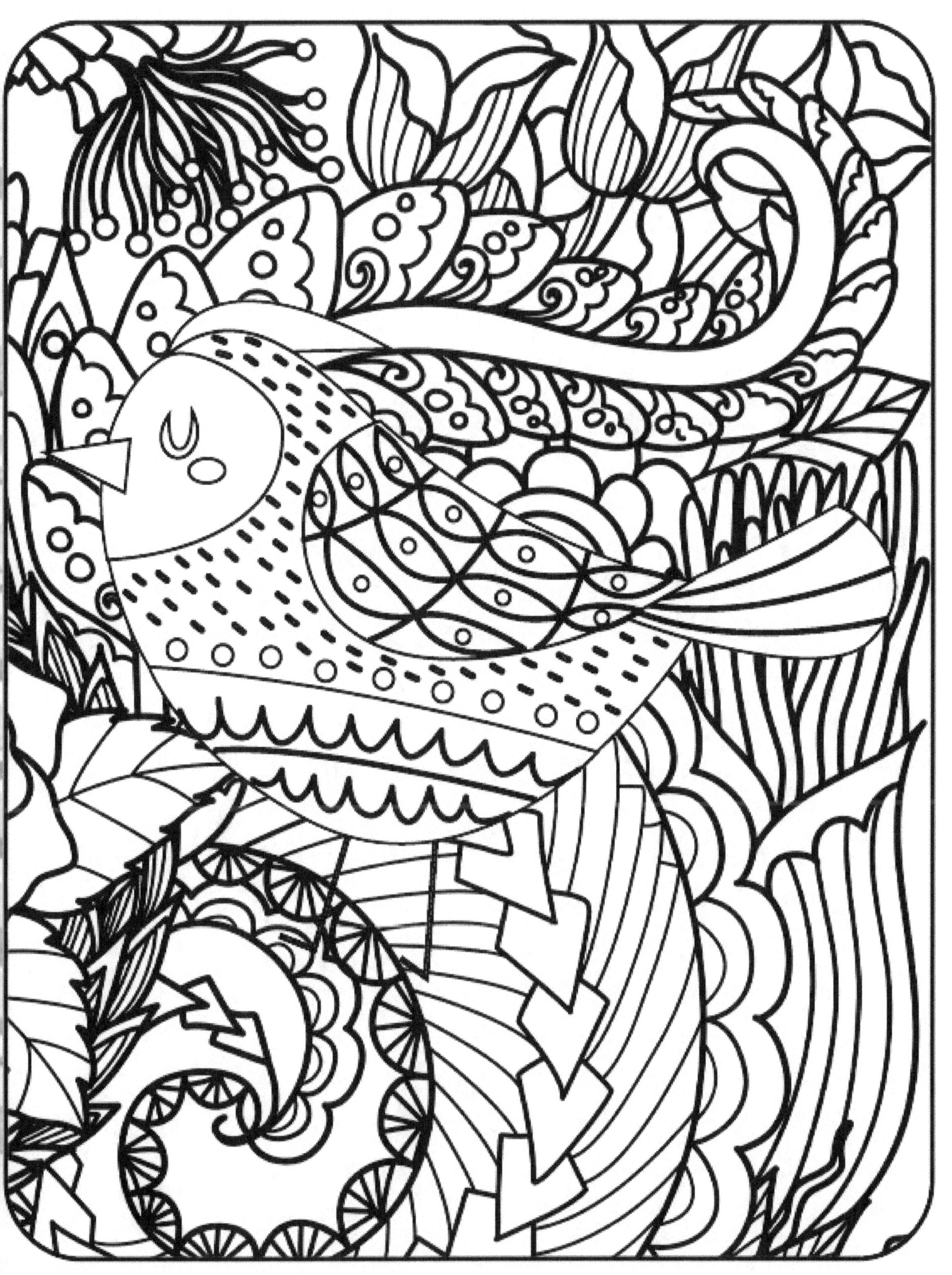

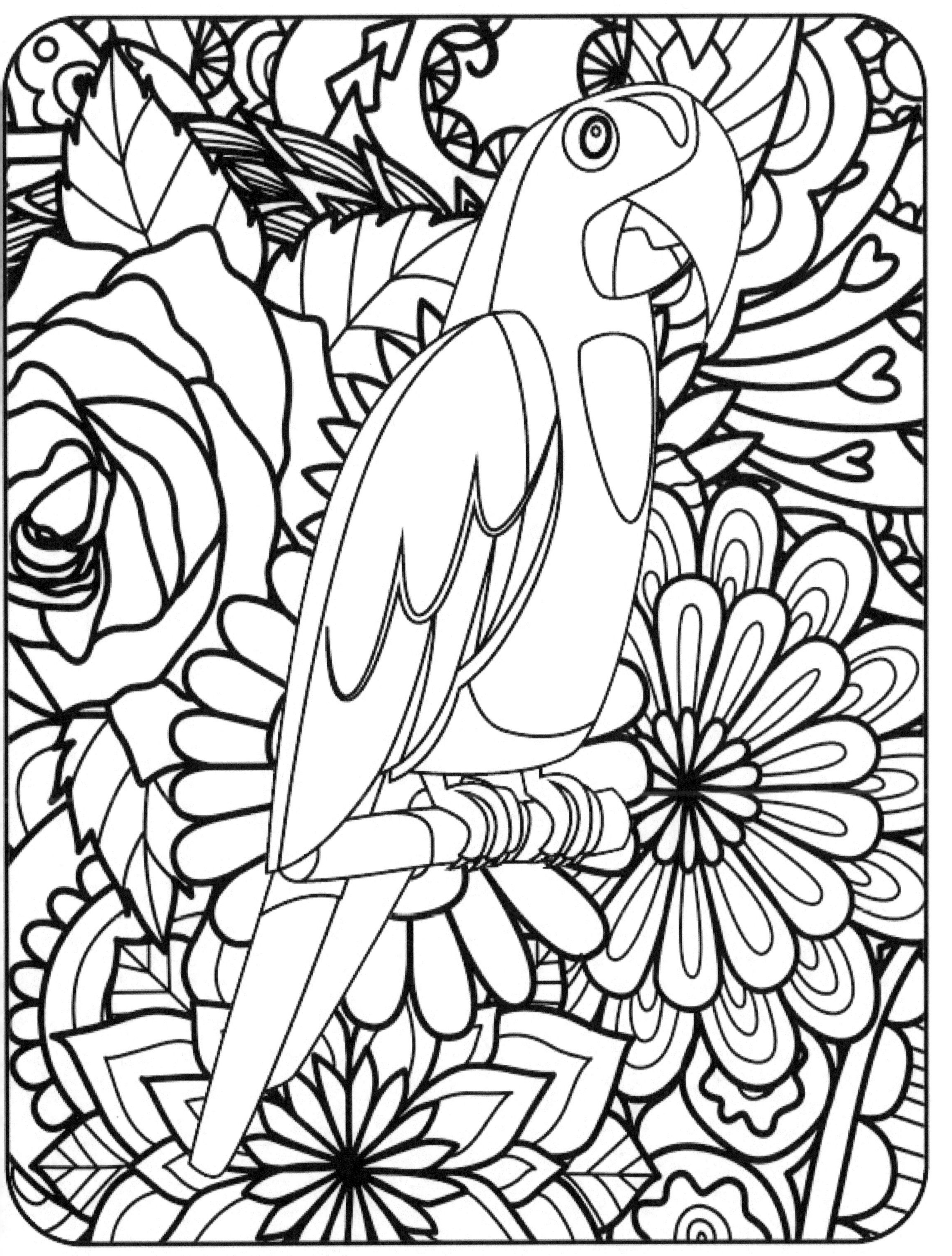

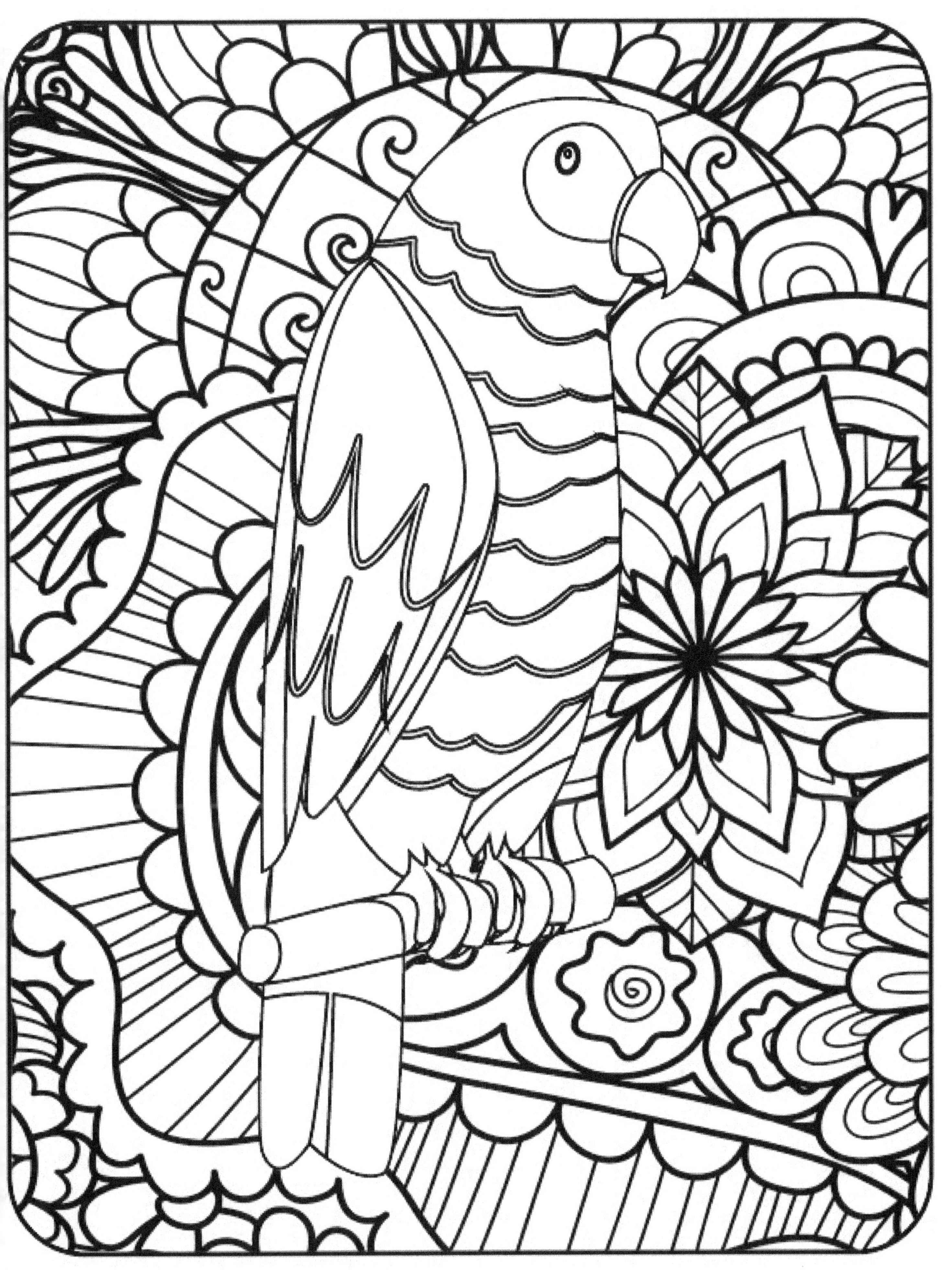

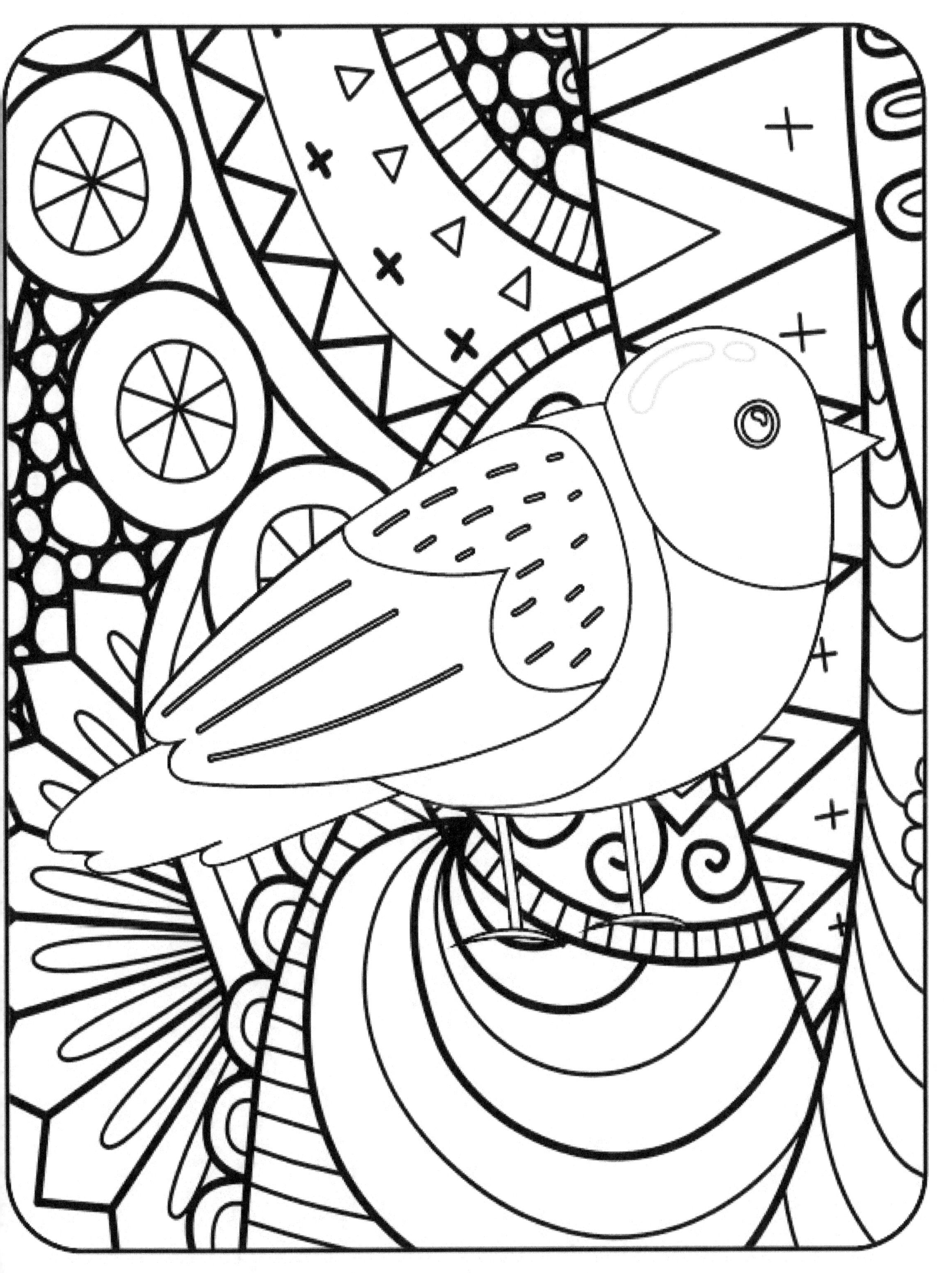

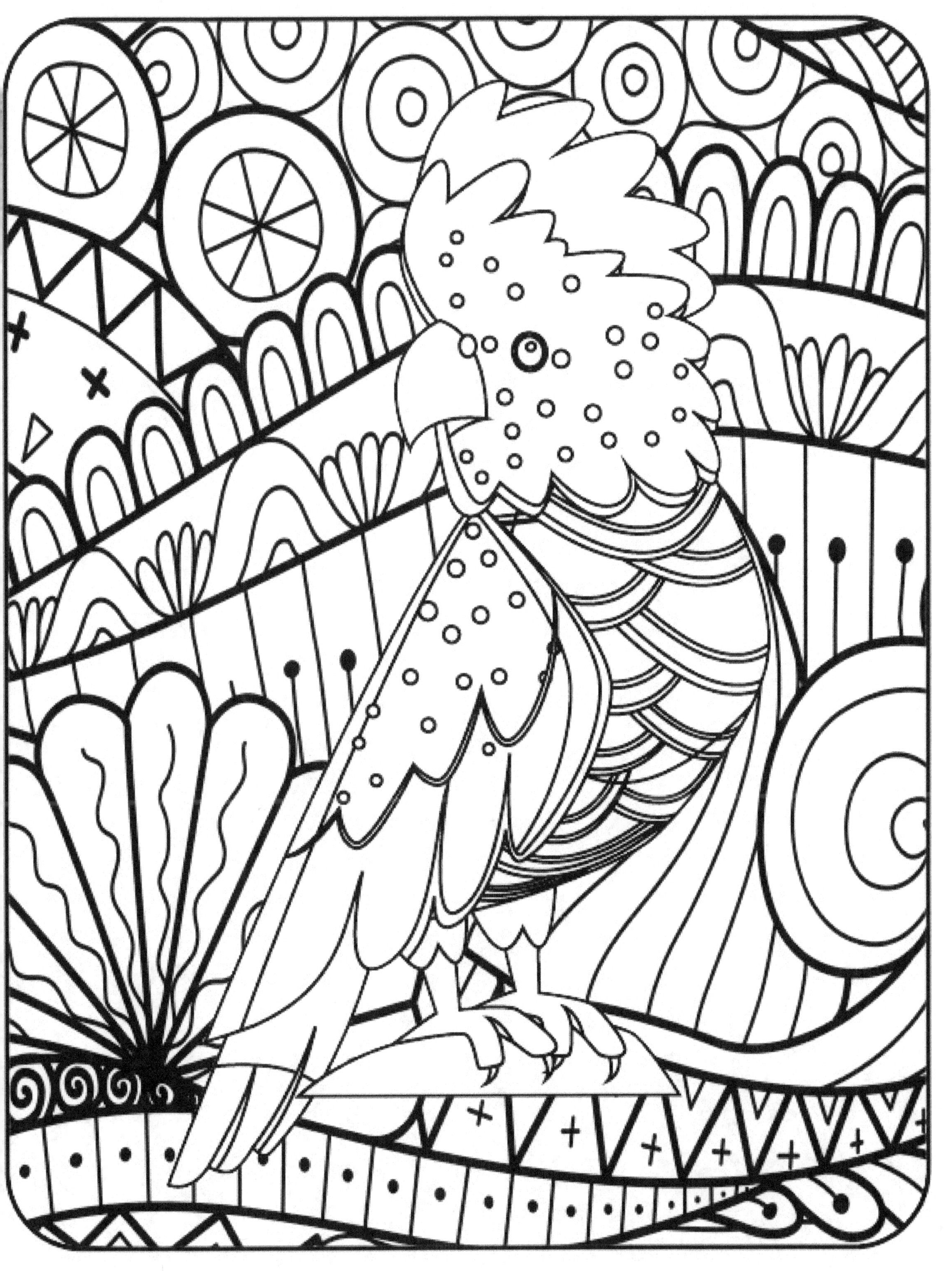

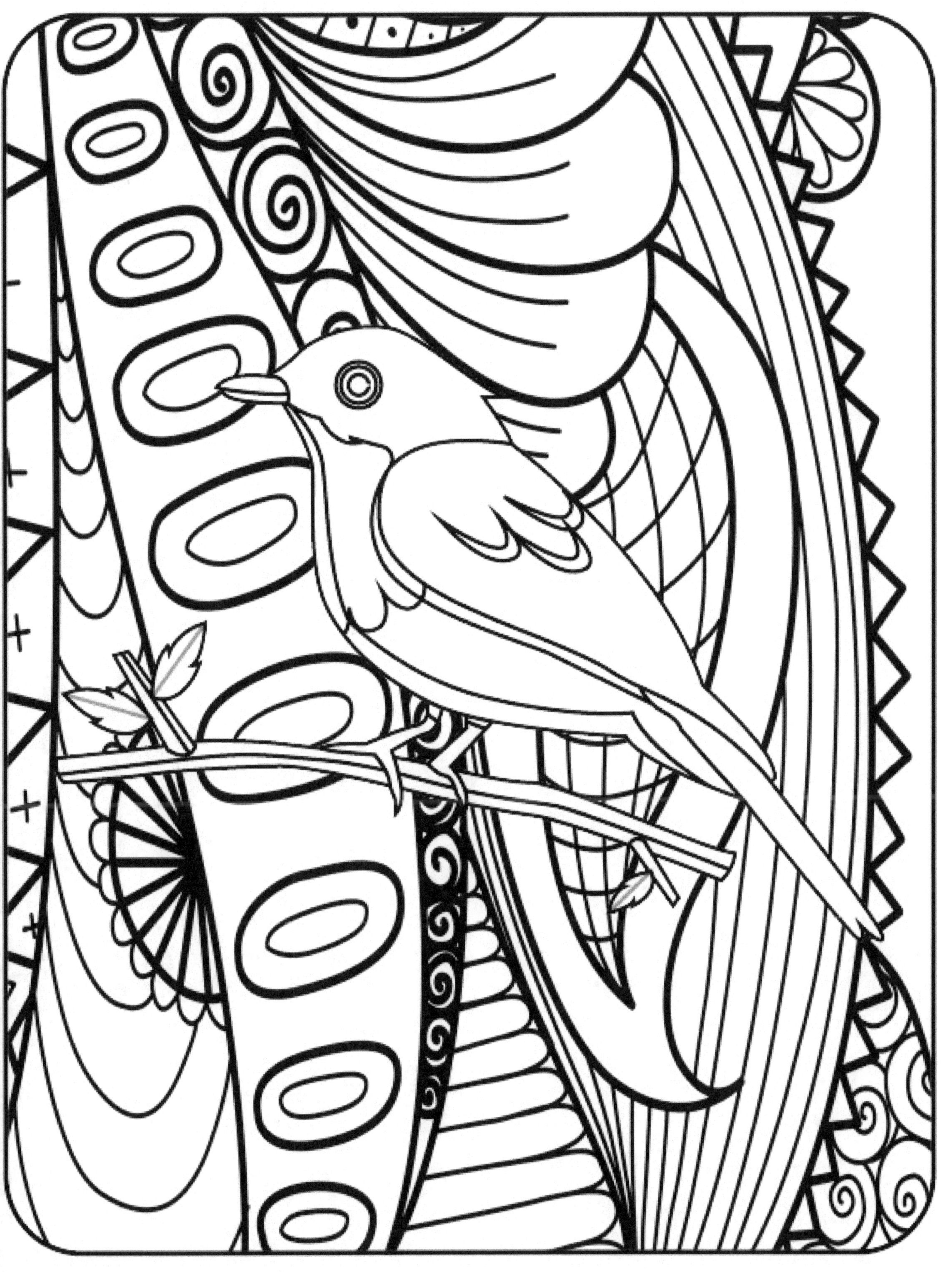

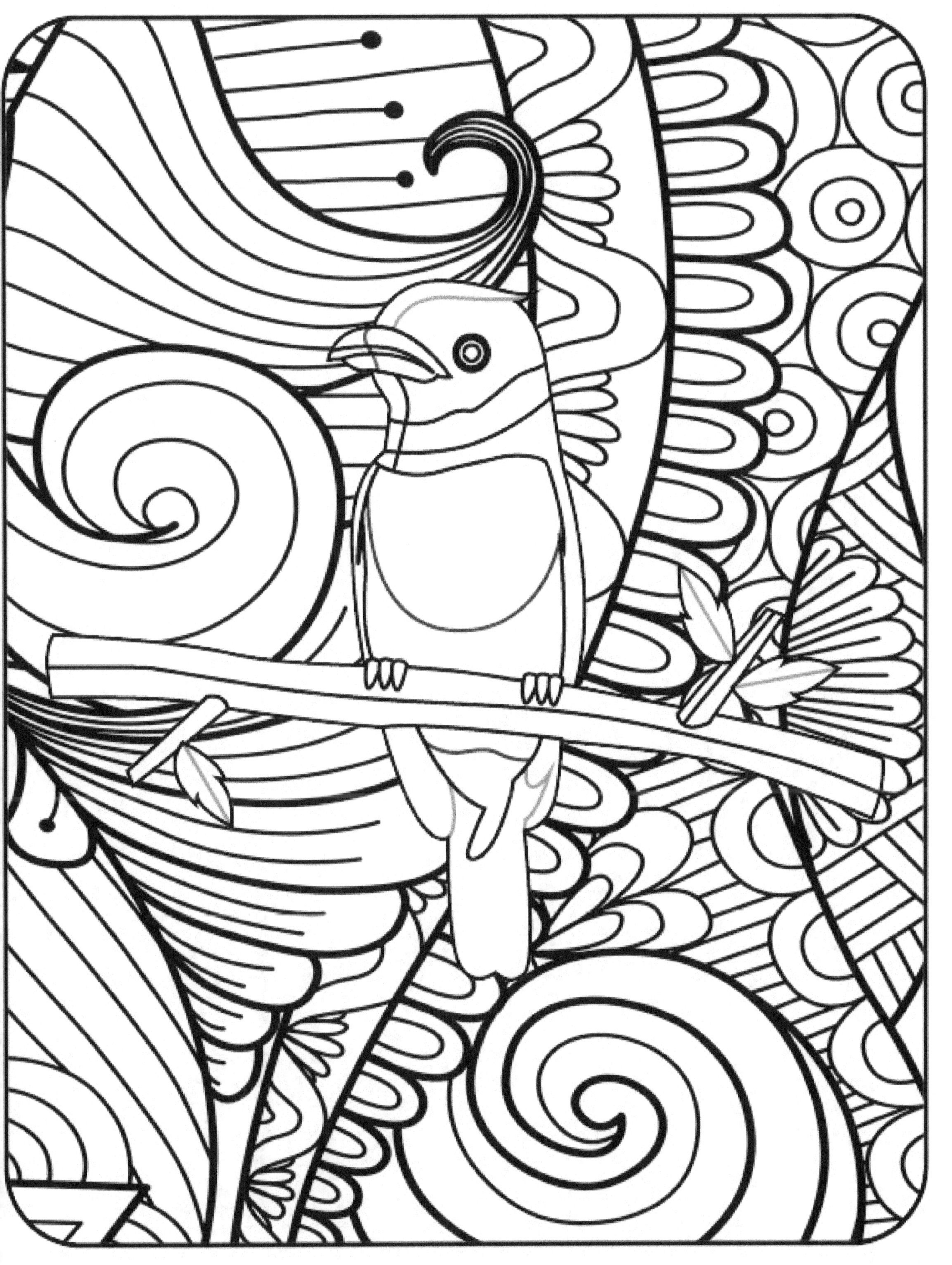

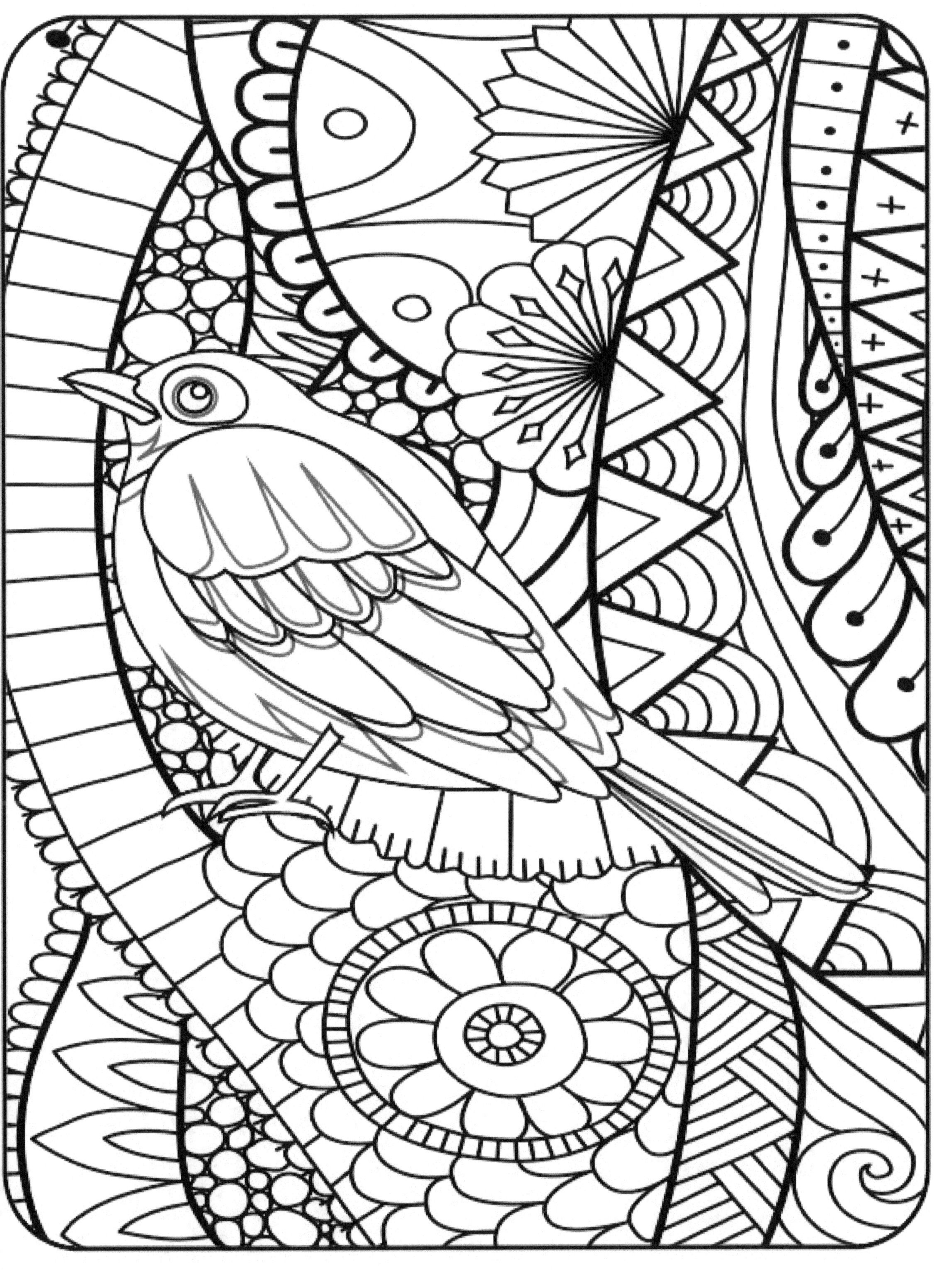

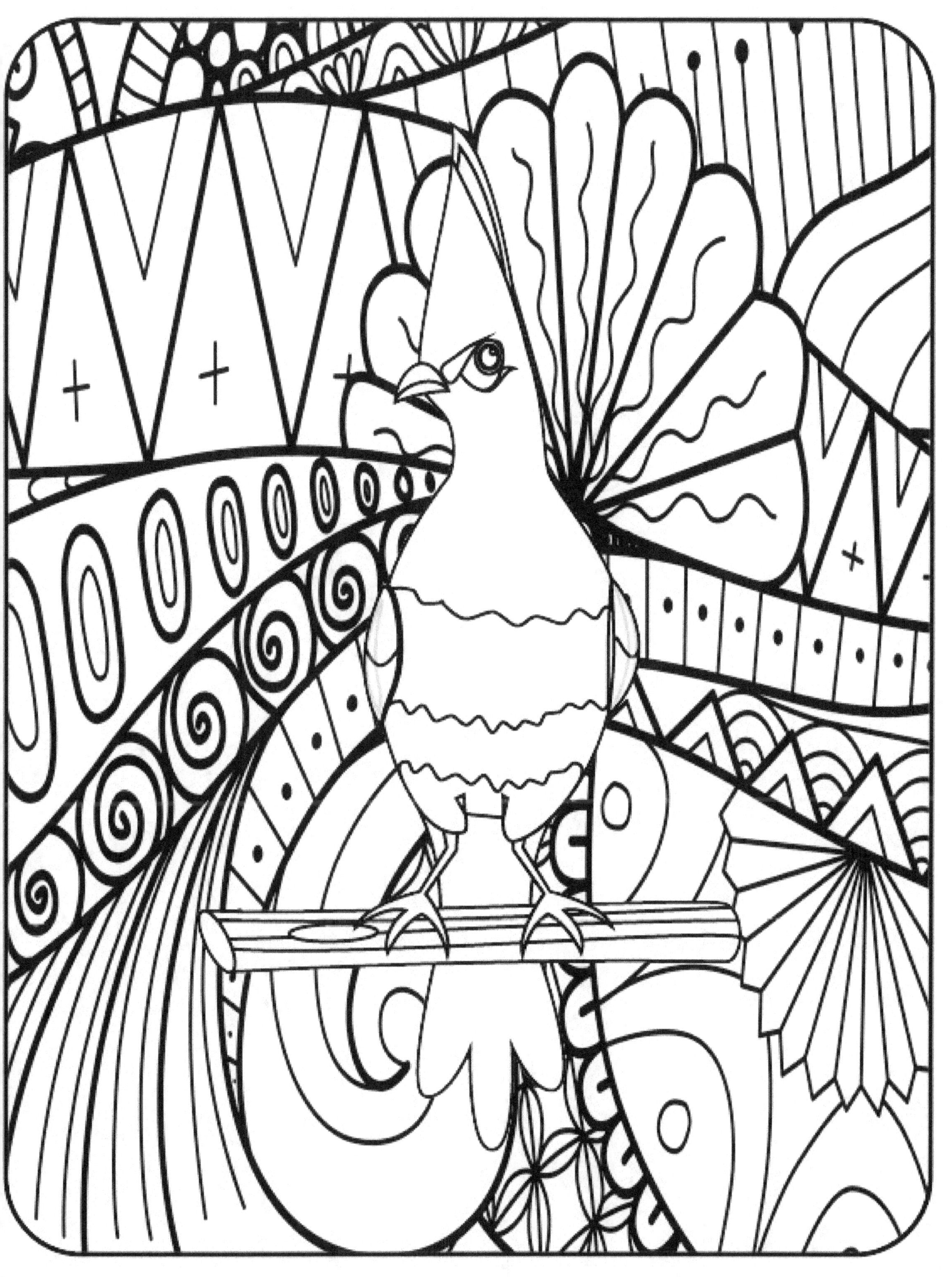

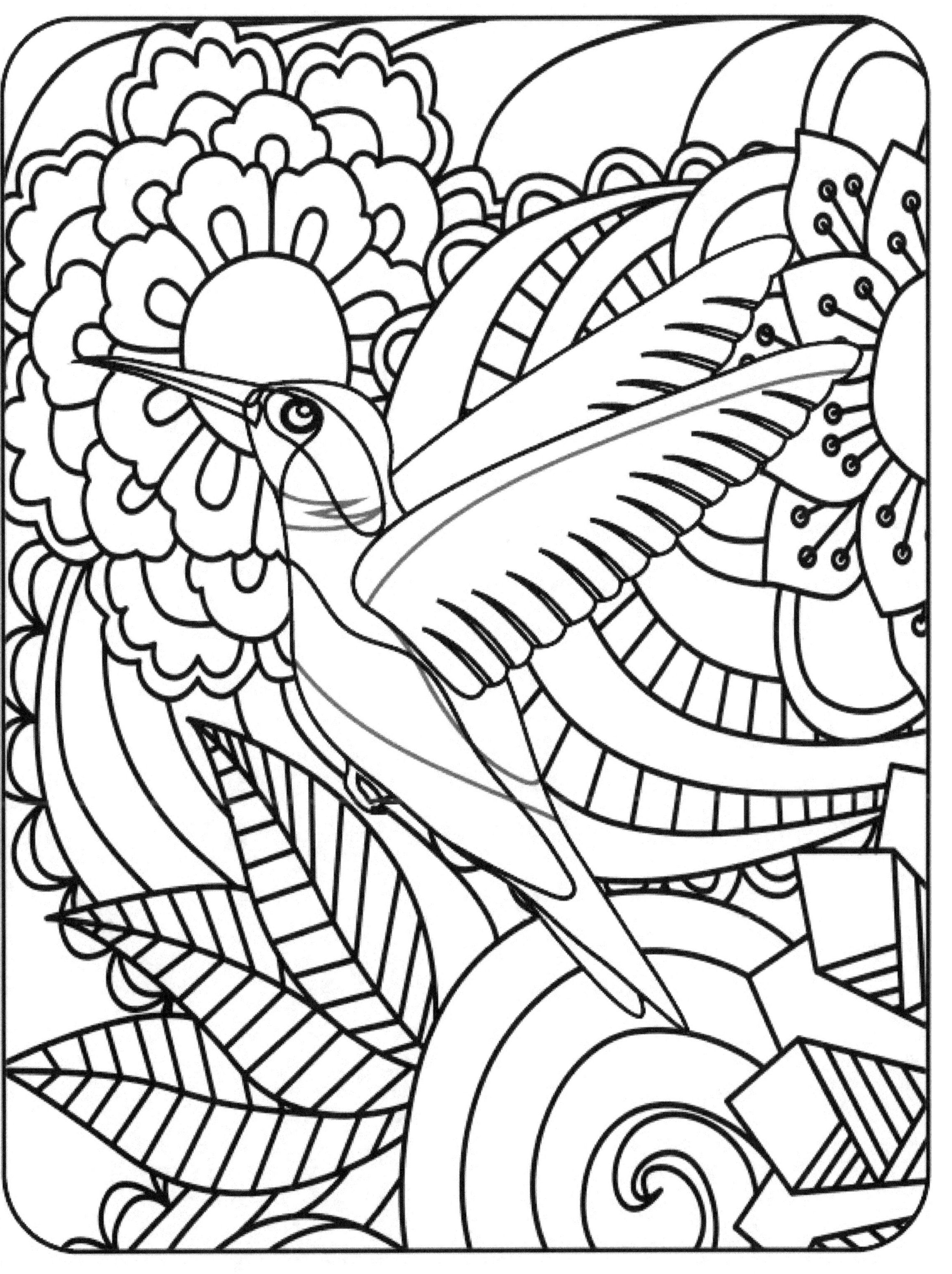

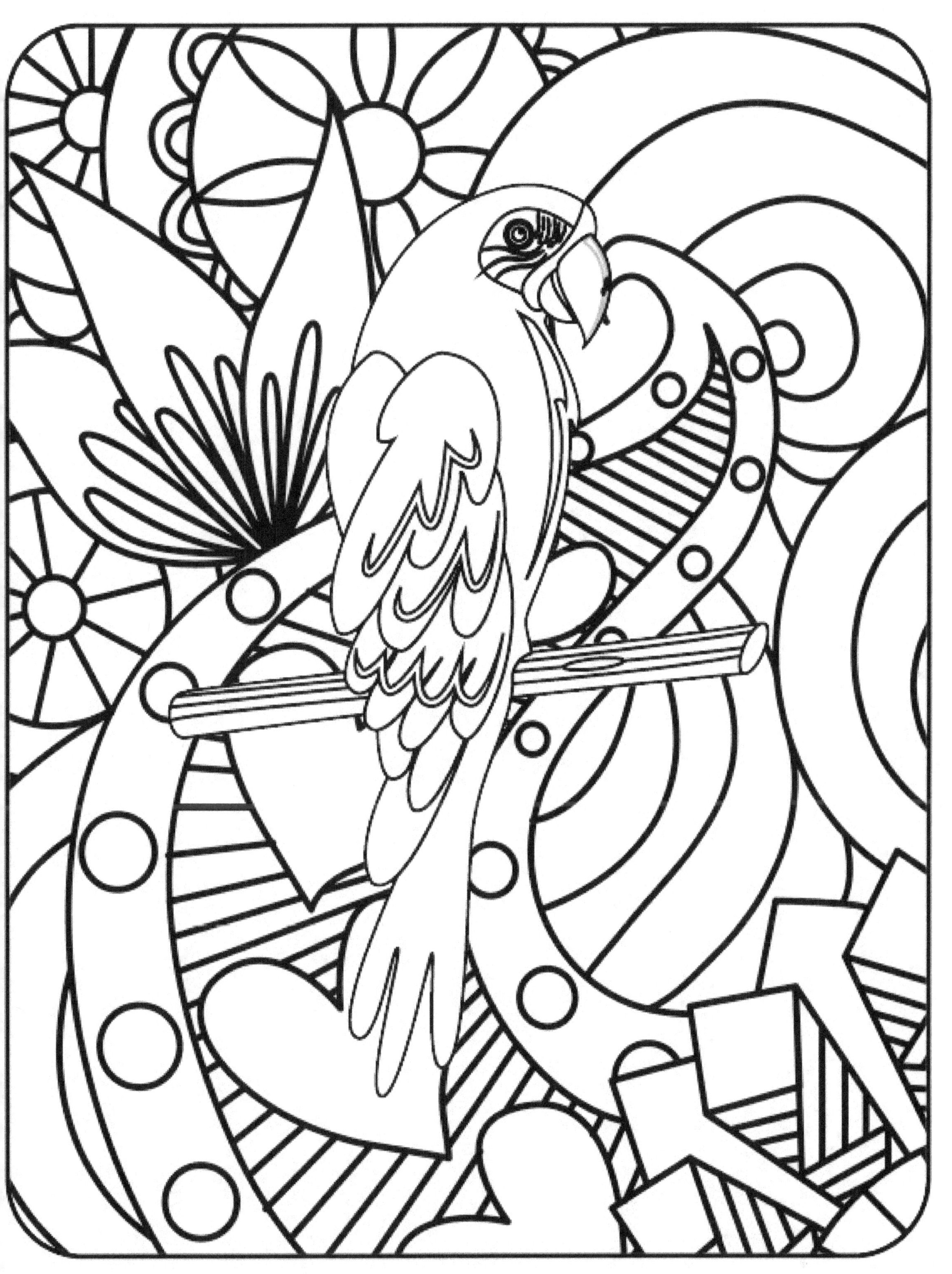

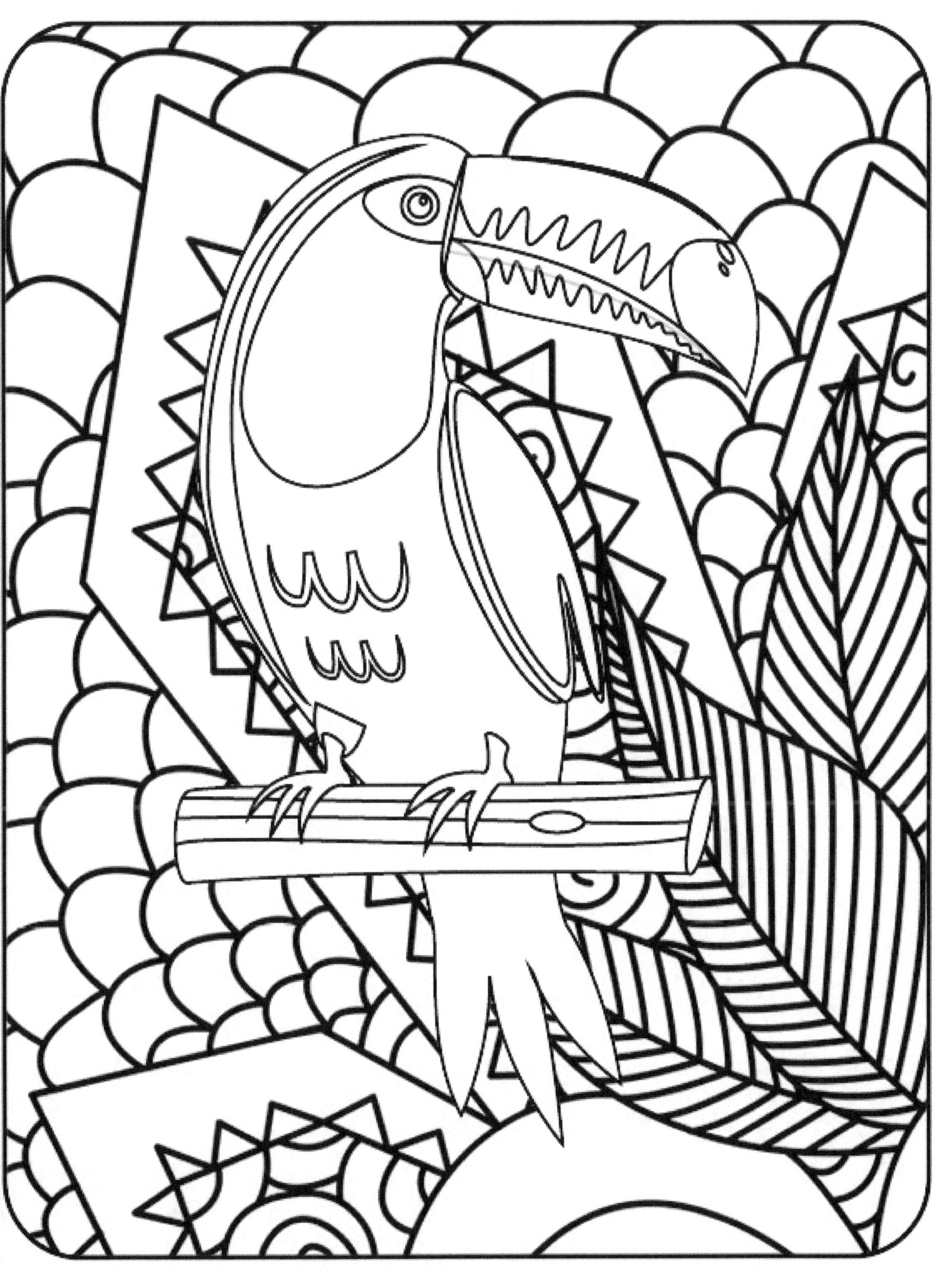

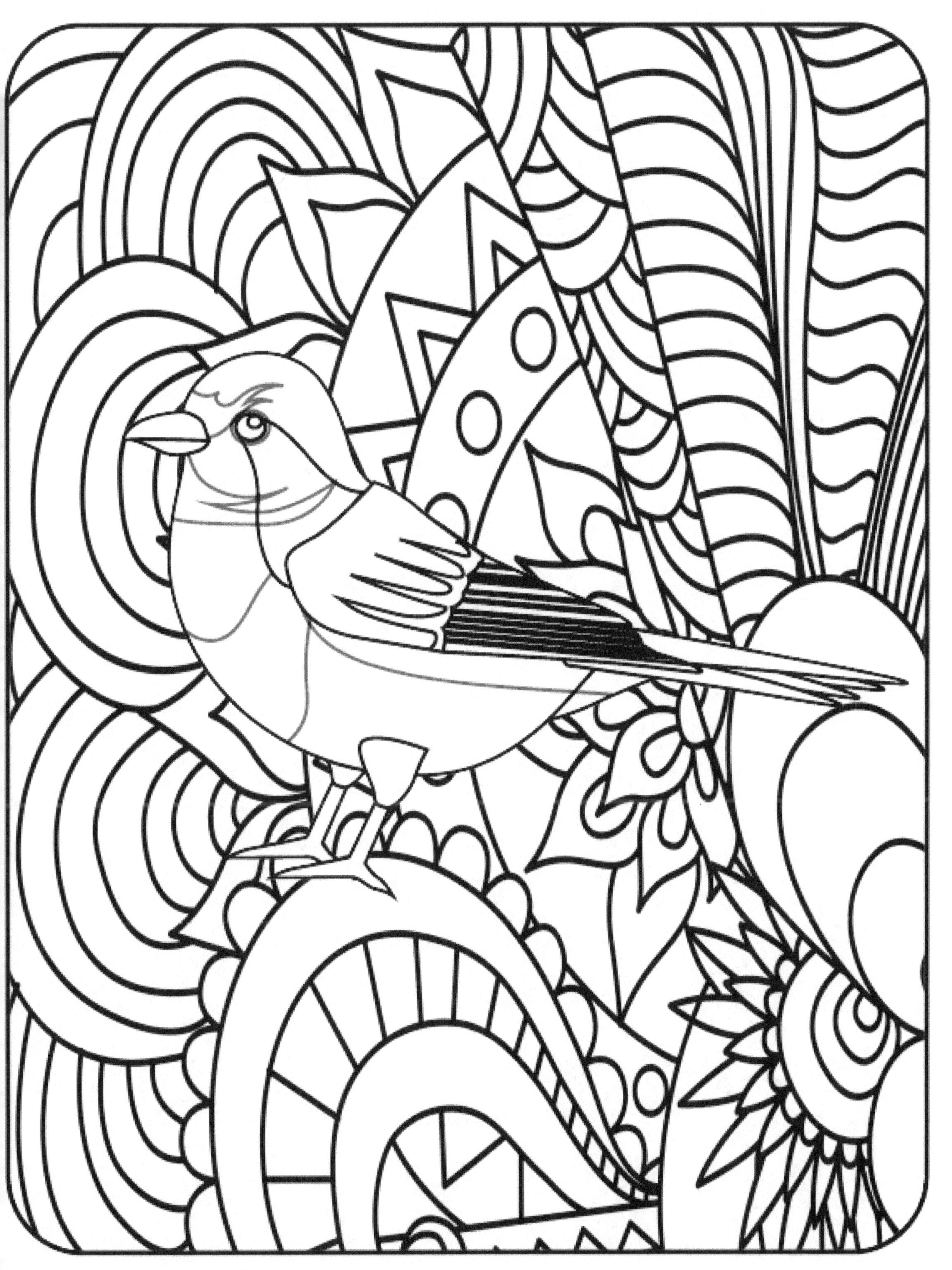

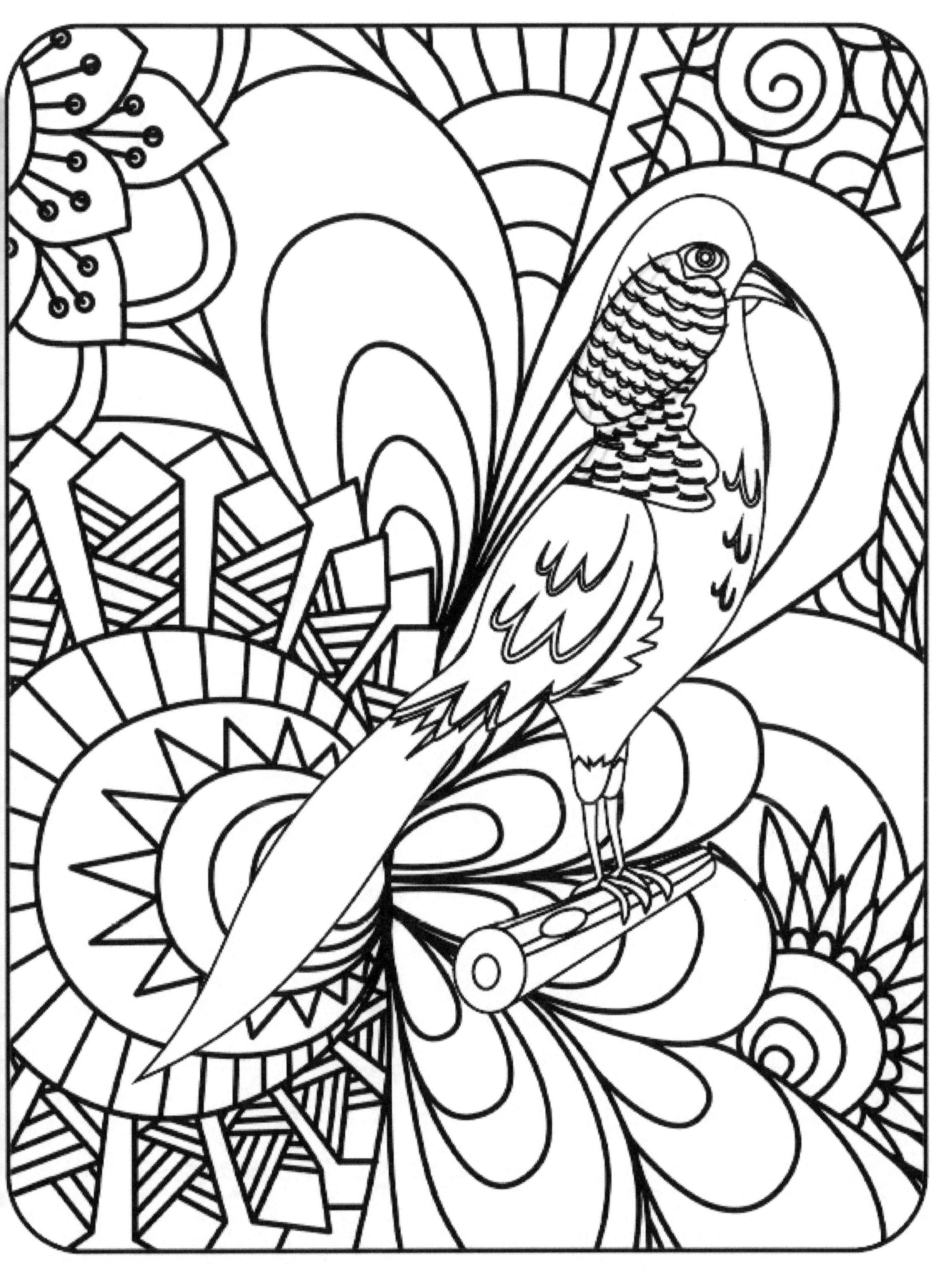